www.ingramcontent.com/pod-product-compliance
Lightning Source LLC
Chambersburg PA
CBHW071450150726
48000CB00006B/2515

تريندز للبحوث والاستشارات
TRENDS RESEARCH & ADVISORY

الخطوات المتعثرة للتنين

هل يمكن للقطاع العقاري أن يُقيّد النمو الاقتصادي الصيني؟

قسم الدراسات الاقتصادية

ورقة سياسة (29)
مارس 2024

مركز تريندز للبحوث والاستشارات

يُعـد مركـز ترينـدز للبحـوث والاستشـارات مؤسسـة بحثيـة مسـتقلة تأسـس عـام 2014، ويهتـم باستشـراف المسـتقبل في جوانبـه الاسـتراتيجية والسياسية والاقتصاديـة، وتتبـع القضايـا العالميـة المختلفـة. كـما يهـدف المركـز إلى تحليـل الفـرص والتحديـات عـلى مختلـف الصعـد الجيوسـياسـية الراهنـة، ومـا تحملـه مـن متغـيرات محتملـة، مـع محاولـة إيجـاد إجابـات وتفسـيرات علميـة وموضوعيـة مـن شـأنها المسـاهمة في التأثـير في اتجاهات الأحداث مع مراعاة نواحي التحليل والنقد والاستشـراف.

ويقـدم المركـز مـن أجـل تحقيـق غاياتـه العلميـة، دراسـات رصـينة ذات أبعاد استشـرافية مسـتقبلية، ويطـرح أفضـل البدائـل الممكنة لمسـاعدة صنّـاع القـرار في معرفـة التطـورات الإقليميـة والدوليـة بشـكل أعمـق، والاسـتفادة مـما توفـره مـن فـرص. كـما يقـوم المركـز برصـد الاتجاهـات والتغيـيرات الاسـتراتيجية والاقتصاديـة والإقليميـة والدوليـة، بشـكل أعمـق، والاسـتفادة مـما توفـره مـن فـرص، والتنبـؤ بآثارهـا المسـتقبلية، وذلـك وفـق الضوابط العلمية المتعارف عليها دولياً لدى أعرق مراكز التفكير والبحث العلمي.

المحتويات

ملخص تنفيذي

على مـدى العقـود الثلاثـة الماضيـة، شـهدت الـصين معجـزة اقتصاديـة؛ سـواء في معدلات النمـو الاقتصادي التي أنجزتهـا، أو في قـدرات القطاعـات الاقتصاديـة التي نوعتهـا، وبالأخـص قـدرات القطـاع الصناعـي. ويُعـدُّ قطـاع العقـارات المسهم الرئيسي في تحقيـق معدلات نمـو مرتفعـة للـصين. إذ بينمـا أكدت المصادر الدوليـة أن إسـهام القطـاع العقـاري في النـاتـج المـحلي الإجمالي يبلـغ نحـو 6.1%؛ لكـن بالنظـر إلى التشـابك الواضـح لهـذا القطـاع مـع القطاعـات الاقتصاديـة الأخـرى، فـإن العديـد مـن التقديـرات الدوليـة تخلُـص إلى أن إسـهامه قـد يصـل إلى 30% مـن الناتـج المـحلي الإجمالي الصينـي. ويُلاحَـظ أن سـبب هـذا التضخـم في قطـاع العقـاري راجـع إلى ارتفـاع أعـداد السـكان الصينـين، والاتجـاه نحـو التحضـر، والميراث الثقـافي للصينـين في امـتلاك المنـازل. وتشكّـل هـذه العوامـل مجتمعـةً الدافـعَ لنمـو هـذا القطـاع العقـاري في الـصين. وبالرغـم مـن ذلك، فـإن نمـو القطـاع العقـاري في الـصين كان محفوفًـا بالعديـد مـن المخاطـر، كان أبرزهـا الاعتمـاد على الاقتراض. وقـد جـاءت جائحـة كوفيـد-19 اختبـارًا حقيقيًـا للفقاعـة العقاريـة في الـصين؛ إذ انغلقـت الـصين على نفسـها مقارنـة بالفتـرات التي سـبقت الجائحـة، وشـهد النمـو الاقتصادي تباطؤًا، وتراجعـت مدخـرات الأسـر الصينيـة، وانخفضـت أسـعار العقـارات؛ مما كان لـه أكبر الأثـر في تباطؤ نمـو القطـاع العقـاري، ومن ثم النمـو الاقتصادي الصينـي.

وفي ضـوء الواقـع الراهـن والتوجهـات المحتملـة لأداء القطـاع العقـاري الصينـي، حـاولـت الدراسـة التعـرف إلى أهــم مصـادر النمــو في الاقتصـاد الصينـي، وأهــم الأسـباب الحقيقيـة التي أسـهمت في دفـع نمـو القطـاع العقـاري، والأبعـاد الاقتصاديـة

للأزمـة الحاليـة لهـذا القطـاع، إضافـة إلى السـيناريوهات المحتملـة للنمـو الصينـي في ضـوء تـأزم سـوق العقـارات، ثـم اسـتعراض أهـم التداعيـات المحليـة والعالميـة المحتملة حال حدوث أزمة واسعة النطاق في القطاع العقاري الصيني.

وقـد تمثلت أهـم السـيناريوهات المحتملـة لهـذه الأزمـة في ثلاثـة سـيناريوهات رئيسـة، وهـي: عـدم حـدوث أزمـة اقتصاديـة كبرى في الـصين، أو انفجـار الفقاعـة العقاريـة ووقـوع أزمـة ماليـة، أو أن تقـوم الـصين بتعزيـز الإصلاحـات لعكـس اتجـاه التباطـؤ في النمـو الاقتصادي. وتتمثـل أهـم التداعيـات المحليـة المحتملـة في التأثير في تمويـل الحكومـات المحليـة، وانخفـاض ثـروة القطـاع العـائلي، وتراجـع ثقـة المسـتهلكين، بالإضافة إلى التأثير في العديد مـن القطاعـات الأخـرى ذات صلـة بقطاع العقـارات مثـل القطـاع المالي. أمـا فـيما يتعلـق بالنتائـج والتداعيـات العالميـة، فمـن المتوقع أن تتأثـر الاقتصادات الأكثر ترابطًا تجاريًا مـع الـصين بتداعيـات سـلبية حـال حـدوث أزمـة عقاريـة واسـعة النطـاق في الـصين، مـا يسـتدعي منهـا اسـتعدادًا مسـبقًا للتعامل مع أزمة من هذا القبيل شديدة التأثير عالميًا.

مقدمة

احتـل قطـاع العقـارات مكانـة بـارزة في الاقتصـاد الصينـي. وأصبـح المخططـون الاقتصاديـون ينظـرون إلى قطـاع العقـارات بوصفـه مصدرًا رئيسـيًّا للنمـو الاقتصـادي، ورافعـةً يمكنهـم الاعتمـاد عليهـا في كل مـرة كانـت هنـاك حاجـة إلى تحفيـز الناتـج المحلي الإجمالي. وقـد كان التـحضر المتسـارع وتنميـة المـدن الصغيـرة والمتوسـطة الحجـم مـن العنـاصر المهمـة في كل خطـط التحفيـز الصينيـة، وخاصـة الخطـة الضخمة التي أطلقتها الصين لمواجهة تأثير الأزمة المالية العالمية.

ومـع تزايـد الطلـب على المسـاكن وارتفـاع الأسعار في السـوق الصينيـة، كانـت التوقعـات أن الأسـعار سـوف تسـتمر في الارتفاع. ولكـن هـذا التوقـع تـغير مـع القـرار الـذي اتخذه الرئيـس الصينـي بفـرض قواعـد تنظيميـة جديـدة للتصدي للمضاربـة العقاريـة. ففـي أغسـطس 2020، تـم سـن لوائـح تسـمى «الخطـوط الحمـراء الثلاثة» التي تطلـب مـن مطوّري العقارات الاحتفاظ بديونهـم عند أقل مـن 70% مـن أصولهـم؛ والحفـاظ على الديـن كنسبة مـن حقوق الملكية عند أقل مـن 100%؛ والنقـد كنسبة مـن الديـون قصيرة الأجـل لا تقل عـن 100%. كما كانـت البنـوك مقيّدة بشـدة في تقديـم القروض للمطوريـن، وكانـت النتيجـة انهيـار فقاعـة الإسـكان وتراجـع أسعار العقـارات مـع نقـص الائتمان المقـدَّم إلى المطوريـن ذوي المديونيـات المفرطـة. وفي سـبتمبر 2023، انخفضـت مبيعـات أكبر 100 شـركة تطويـر عقاري في الـصين بنسـبة 29% مقارنـة بعـام 2022، مـع انخفـاض مبيعـات شركـة كونتري جاردن بنسبة 81%.

لقد تجنبت الـصين أسوأ مـا في الأزمـة الماليـة العالميـة في الـفترة 2008-2009 بفضـل خطـة اسـتثمارية ضخمـة ممولـة بالديـون ومعتمـدة بصفـة رئيسـية على قطـاع العقـارات. ومـع ذلـك، فقـد مـرت منـذ ذلـك الـحين بـفترات مـن غيـاب الاستقرار المالي تطلبت تدخُّل الدولة بتكاليـف باهظة في كثيـر مـن الأحيـان. ولئن لم يتحـول ذلـك إلى أزمـات ماليـة كبرى، فإن تكرارهـا لا يشـكل تهديـدًا كبيرًا للاقتصاد الصينـي فحسـب، بـل للاقتصاد العالمـي كذلـك؛ نظـرًا إلى الثقـل العالمـي للاقتصاد للصيني، ونتيجةً لضخامة قطاع العقارات بالنسبة إلى نمو الناتج المحلي الصيني.

وفي ضـوء ذلـك، تحـاول الدراسـة الحاليـة الإجابـة عـن الأسـئلة البحثيـة الآتيـة: مـا هـي مصـادر النمـو الاقتصـاد الصينـي؟ ومـا الإسـهام الفعلي للقطـاع العقـاري في النـاتج المحلي الإجمالي؟ ومـا الأسـباب الحقيقيـة التـي أسـهمت في دفـع نمـو هـذا القطـاع؟ ومـا أهـم الأبعـاد الاقتصادية للأزمـة الحاليـة للقطـاع العقـاري الصينـي؟ وهـل يمكـن لأزمـة القطـاع العقـاري أن تقيـد النمـو الصينـي؟ ومـا السـيناريوهات المحتملـة للنمـو الصينـي في ضـوء تكـرار أزمـة سـوق العقـارات؟ وهـل يمكـن أن تتأثـر قطاعـات أخـرى بهـذه الأزمـة؟ ومـاذا عـن التداعيـات العالميـة المحتملـة عنـد وقـوع أزمة واسعة النطاق في القطاع العقاري الصيني؟

ولتحقيـق هـدف الدراسـة، والإجابـة عـن الأسـئلة البحثيـة المطروحـة، تتنـاول الدراسـة أربعـة موضوعـات إضافـة إلى هـذه المقدمـة. إذ يتطـرق الموضـوع الأول للتحليـل القطاعـي لنمـو الاقتصـاد الصيني ومكانـة القطـاع العقـاري في هـذا النمـو. ويتنـاول الموضـوع الثاني الأبعـاد الاقتصاديـة لأزمـة القطـاع العقـاري الصينـي. أمـا بالنسـبة إلى الموضـوع الثالـث فيحـاول الإجابـة عـن تسـاؤل رئيسـي حـول مـدى تقيـد أزمـة القطـاع العقـاري النمـو الاقتصـادي الصيني. بينـما يسـتعرض الموضـوع الرابـع والأخير التداعيات المحلية والدولية المحتملة حال تأزم نمو الاقتصاد الصيني.

أوَّلًا: النمو الاقتصاد الصيني ومكانة القطاع العقاري: تحليل للفترة 2000-2022

استطاعت الصين تحقيق معجزة اقتصادية، وذلك بأن أصبحت قوة اقتصادية عالمية خلال العقود الثلاثة الماضية. فقد شهد الاقتصاد الصيني نموًا مطّردًا منذ بداية الألفية الثالثة إلى أن وصل إلى أعلى مستوى له عام 2007، إذ حقق معدل نمو قدره 14.2%. وعلى الرغم من أنه أخذ بعد ذلك في الانخفاض، فإنه كان أعلى من معدل النمو العالمي، وذلك حتى عام 2021. وفي عام 2022 تقارب معدل النمو الصيني مع معدل النمو العالمي، على نحو ما هو موضح في الشكل الآتي.

شكل (1): تطور معدل النمو الاقتصادي العالمي والصيني خلال الفترة (2000 -2022)

وقـد أسـهم القطـاع العقـاري الصينـي إسـهامًا رئيسًـا في تحفيـز النمـو الاقتصـادي وزيـادة الإيـرادات الحكوميـة مقارنـة بالقطاعـات الأخـرى. وترجـع البدايـة إلى عـام 1988 عندمـا قـررت الحكومـة الصينيـة إصلاح القطـاع العقـاري وتطويـره مـن خلال التوجـه نحـو خصخصـة جزئيـة لأنشطة القطـاع. فعلى الرغـم مـن أن الدولـة تظل مالكـة للأرض، فإن حقـوق الانتفـاع بـالأراضي واسـتخدامها وتحسـينها أصبـح مكفـولًا للقطـاع الخـاص. وقـد أدى التوجـه نحـو الخصخصـة إلى دفـع النمـو في قطـاع العقـارات. فمـن خلال التغيـرات الجذريـة في النظـام الاقتصـادي، والاعتمـاد على النظـام الاقتصـادي المختلـط الـذي يدمـج بيـن دور الدولـة والسـوق الحـر (سيوضّح لاحقًـا)، أسـهمت الخصخصـة في تحفيـز القطـاع الخـاص للاسـتثمار في تشـييد العقـارات؛ وهـو مـا أدى إلى زيـادة كبيـرة في تخصيـص المـوارد لبنـاء المسـاكن. وفي أواخـر الثمانينيـات، كان بنـاء العقـارات الحديثـة أكثـر مـن 10 أضعـاف مـا كان عليـه في العقـود السـابقة[1]. كما أثرت الاسـتثمارات المسـتمرة في قطـاع العقـارات في نمـو العديـد مـن النشـاطات الأخـرى المرتبطـة بالتشـييد، مـن خلال تحفيـز الطلـب على العديـد مـن الصناعـات الأخـرى، بمـا في ذلـك الآلات والصلـب والإلكترونيـات والمنتجـات الكيماوية والهندسة المعمارية، وهو ما أثر تأثيرًا شاملًا في النمو الاقتصادي في الصين[2].

ومـن هـذا المنطلـق، تبـدو أهميـة تحليـل أداء القطـاع العقـاري في الصـين مـن خلال التعرف إلى إسهامه في الناتج المحلي الإجمالي وأسباب نموه.

1- إسهام القطاع العقاري في الناتج المحلي الإجمالي:

مـن الأهميـة بمـكان، وقبـل الخـوض في تحليـل وضـع القطـاع العقـاري في الصـين، التعـرف إلى الأهميـة النسـبية للقطاعـات الاقتصاديـة في الصـين. إذ نجـد أن إسـهام

---

1. Mak, S. W., Choy, L. H., & Ho, W. K. (2007). Privatization, housing conditions and affordability in the People's Republic of China. Habitat International, 31(2), 177-192.

2. Fung, H.Gay and others, 2009, China's Real Estate Market Development, Available at: https://www.researchgate.net/publication/46509750_Development_of_China's_Real_Estate_Market

القطـاع الصناعـي في الناتـج المحلي الإجمالي يـأتي في المقدمـة مقارنـة بالقطاعـات الأخـرى؛ وذلـك بنسـبة 33%، يليـه قطـاع تجـارة الجملـة والتجزئـة بنسـبة 9.5%، ثـم القطـاع الزراعـي بنسـبة 7.7% وذلـك عـام 2022. لكـن بالنظـر إلى تطـور إسـهام القطاعـات الاقتصاديـة في الناتـج المحلي الإجمالي، نجـد أن هنـاك زيـادة في إسـهام بعـض القطاعـات مثـل الوسـاطة الماليـة والتشـييد وتجـارة الجملـة والتجزئـة، في مقابـل تراجـع ملحـوظ في مسـاهمة القطـاع الزراعـي؛ إذ سـجل إسـهامه نحـو 15% عـام 2000، وهو ما يؤكد تسـارع الاقتصاد الصيني نحو التحضر.

شكل (2) التوزيع النسبي للناتج المحلي الإجمالي وفقًا للقطاعات الاقتصادية عامي 2000 و2022 (%)

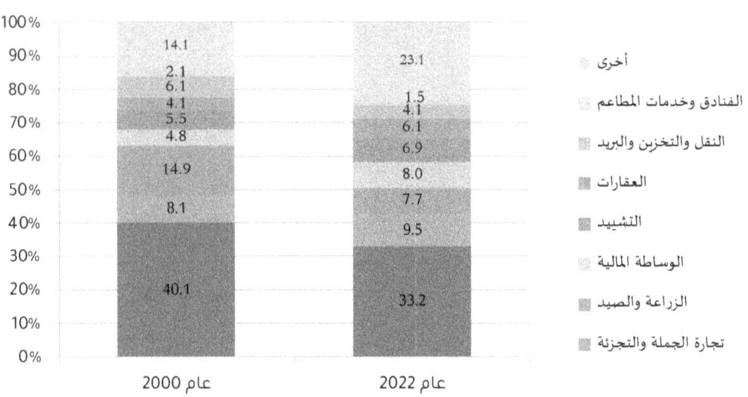

وقبـل البـدء في توضيـح الأهميـة النسـبية للقطـاع العقـاري في الناتـج المحلي الصينـي، ينبغـي توضيـح ماهيـة النشـاطات العقاريـة. فوفقًـا للتصنيـف الصناعـي الـدولي الموحـد لجميـع النشـاطات الاقتصاديـة (ISIC4)، المعتمـد مـن قبـل مكتـب الإحصـاءات القوميـة للصيـن، تشـمل النشـاطات العقاريـة نشـاط مؤجـري العقـارات ووكلاء العقـارات و/أو سماسرة العقـارات في أي مـن النشـاطات الآتيـة: بيـع وشـراء

العقــارات، وتـأجير العقـارات، أو تقديــم خدمــات أخـرى تتصــل بالعقـارات مثـل تقييـم العقـار أو القيـام بـدور وكلاء عقد التنفيـذ في شراء العقـارات. ويوضـح الشـكل الآتي تقسيم باب النشاطات العقارية وفقًا لفرعين أساسيين:

شكل (3) النشاطات العقارية وفقًا لتصنيف الصناعي الدولي الموحد لجميع النشاطات الاقتصادية

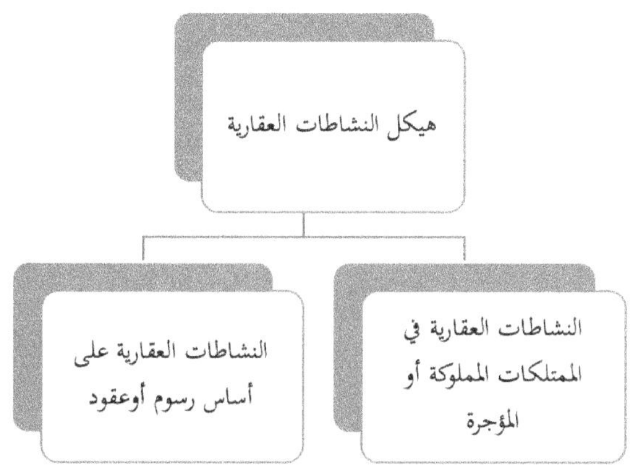

المصدر: United Nations, 2008, International Standard Industrial Classification of All Economic Activities, Revision 4

وفـيما يتعلــق بالأهـمية النسـبية للقطـاع العقـاري، فإننـا نلاحـظ أنـه يُسـهم بنحـو 6.1% مـن الناتج المحلي الإجمالي للاقتصاد الصينـي، بقيمـة بلغـت نحو 7.4 تريليونـات يـوان صينـي وذلـك عـام 2022، وذلـك بعد أن بلـغ إسـهامُه ذروتَـه في عـام 2020 بنسـبة 7.2%، وهـو كما يتضـح مـن شـكل (3). وتجـدر الإشـارة إلى أن هنـاك العديـد مـن الجهـات والمؤسسـات البحثيـة التي قـدّرت إسـهام القطـاع العقـاري بنحـو 30% مـن الناتج المحلي الإجمالي الصينـي. وقـد أرجعـوا ذلـك إلى أن

الأهميـة النسـبية للقطـاع العقـاري لا تتوقـف عـلى أنشـطة القطـاع العقـاري فقـط، بل تمتد إلى القطاعات الأخرى شديدة الصلة بهذا القطاع[3].

شكل (4) تطور القيمة المضافة للقطاع العقاري وإسهامه في الناتج المحلي الإجمالي خلال الفترة (2000- 2022)

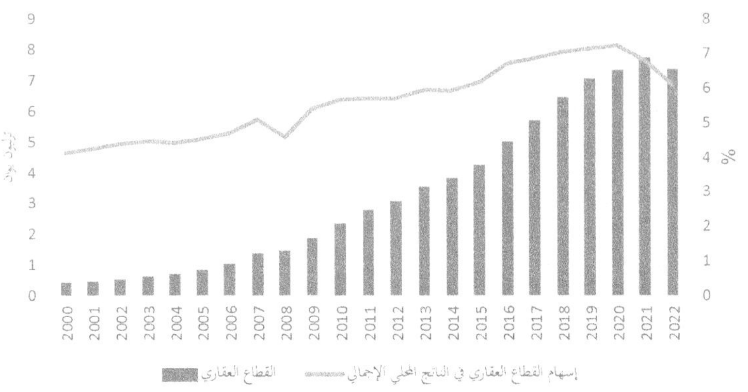

المصدر: National Bureau of Statistics of China, China Statistical Yearbook, 2022.

ويتـم تصنيـف الأراضي في الصـين إلى أراضٍ سـكنية أو صناعيـة أو تجاريـة، وتـدوم حقـوق الاستخدام لـكل منهـا 70 عامًـا و30 عامًـا و40 عامًـا، عـلى التـوالي. وتعتمـد الحكومـات المحليـة اعـتمادًا كـبيرًا عـلى الإيـرادات المتأتيـة مـن مبيعـات الأراضي كمصـدر للتمويـل[4]. فـعلى سـبيل المثـال، يوضـح الشـكل الآتي؛ رقـم (5) تضاعـف

---

3. Council Foreign Relations, March 2023, Available at: https://www.cfr.org/blog/pboc-props-chinas-housing-market - Chan, S., Han, G., & Zhang, W. (2016). How strong are the linkages between real estate and other sectors in China?. Research in International Business and Finance, 36, 52-72. Available at: https://www.sciencedirect.com/science/article/pii/S0275531915300234

4. Jaghory, Dillionm Sep 2021, China Sector Analysis: Real Estate, Available at: https://www.globalx-etfs.com/china-sector-analysis-real-estate/

إيـرادات المبيعـات مـن العقـارات السـكنية والتجاريـة بنحـو ثلاثـة أضعـاف تقريبًـا خلال الـفترة مـن 2012 إلى 2021، وتراجعهـا في عـام 2022 لأسـباب عـدة سـتوضح في موضع لاحق من الدراسة.

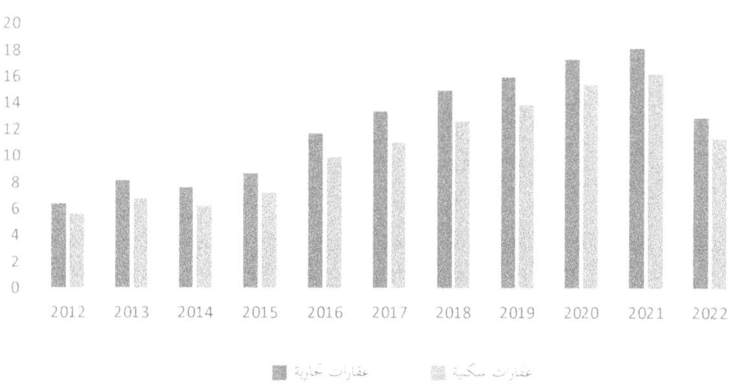

شكل (5) تطور إيرادات المبيعات من العقارات التجارية والسكنية في الصين خلال الفترة (2012 -2022) (تريليون يوان)

المصدر:Statista database, Available at: https://www.statista.com/statistics/243235/
/revenue-from-commercial-and-residential-real-estate-sold-in-china

وقـد مثّـل الاستثمار العقـاري نحـو 26.7% مـن إجمالي الاسـتثمارات في الأصـول الثابتـة عـام 2022. وتضاعفـت أسـعار العقـارات نحـو 5 أضعـاف، لتبلـغ نحـو 10 آلاف يـوان للـمتر المربـع عـام 2022، مقارنـة بنحـو ألفـي يـوان للـمتر المربـع عـام 2000.[5]

---

5. Statista Database, Average real estate sale price in China between 1998 and 2022, Available at: https://www.statista.com/statistics/242851/average-real-estate-sale-price-in-china/#:~:text=In%20 2022%2C%20the%20average%20price,decrease%20from%20the%20previous%20year.

شكل (6) نسبة الاستثمار في القطاع العقاري إلى إجمالي الاستثمارات في الأصول الثابتة في الصين خلال الفترة (2000- 2021) (%)

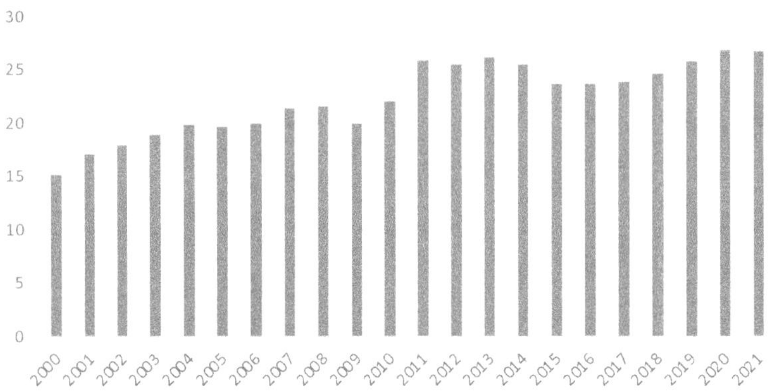

المصدر: Researcher calculations depending on: National Bureau of Statistics of China, China Statistical Yearbook, 2022, Available at: https://www.stats.gov.cn/sj/ndsj/2022/indexeh.htm

هـذا، ويعـد كل مـن كانتري جـاردن، وتشـاينا فـانكي، ورولى العقاريـة، وتشـاينا جريـن تـاون مـن أكبر المطوريـن للعقارات في الـصين مـن حيـث إيـرادات المبيعـات. وبيـنما بلـغ عـدد المشـتغلين لـدى المطوريـن العقـاريين نحـو 2.5 مليـون مشـتغل عـام 2022، لكنـه يلاحـظ تراجـع عـدد المشـتغلين لـدى مطوري العقارات منـذ عـام 2020. ويرجـع ذلـك إلى حـد كبير إلى تباطـؤ نمـو القطـاع العقـاري ومخاطـر الإفلاس التي يتعرض لها مطورو العقارات في الصين.

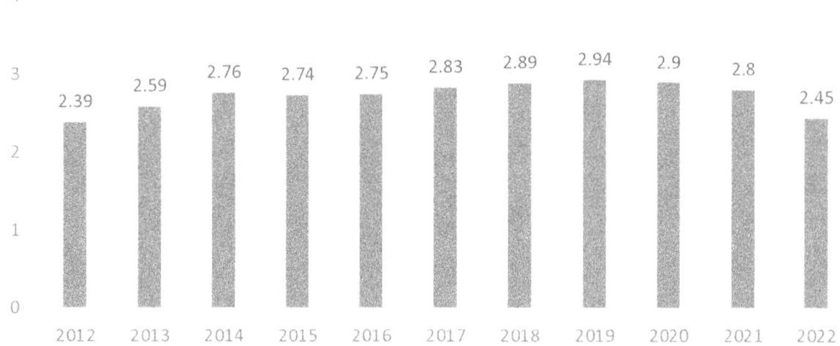

المصدر: Statista Database, Available at: https://www.statista.com/statistics/242443/
/number-of-people-employed-by-real-estate-developers-in-china

2. أسباب نمو القطاع العقاري في الصين:

في محاولة لتفسير الازدهار الذي شهده قطاع العقارات الصيني، فإن هناك العديد من الأسباب التي أسهمت في ارتفاع إسهام هذا القطاع في الاقتصاد الصيني، نذكر منها ما يأتي:

• الاتجاه نحو التحضر وازدهار الدخل الأسري:

يُعدُّ التحضر في الصين أحد أهم محركات النمو الاقتصادي الصيني؛ فقد شهدت الصين معدل تحضر سريعًا وغيرَ مسبوق جاء على إثره نمو قطاع العقارات. وتُشير البيانات إلى أن عدد سكان الصين بلغ نحو 1.4 مليار نسمة عام 2022، بما يُمثل نحو 17.8% من سكان العالم. وبالنظر إلى نسبة السكان القاطنين في الحضر، فإننا نجد أنها بلغت نحو 65.2% عام 2022، مقارنة بنحو 36.2% عام 2000، وهو ما يعني زيادة طلب المستهلكين على العقارات. وإذا استمر الاتجاه الحالي، فسوف يصل معدل التحضر في الصين إلى 70% بحلول عام

2030، وسـيعيش أكثر مـن مليـار صينـي في المناطق الحضرية[6]، إضافـة إلى أن ارتفـاع معـدل النمـو في الـصين أسـهم في تحـسين الأحـوال المعيشـية للعديـد مـن الصينـين، وهـو مـا زاد مـن طلـب الصينـين على العقـارات لزيـادة متوسط مسـاحة المعيشـة للفرد وتحسين أماكن الإقامة التي يعيشون بها[7].

شكل (8) نسبة سكان الحضر والريف إلى إجمالي السكان خلال الفترة (2000- 2022) (%)

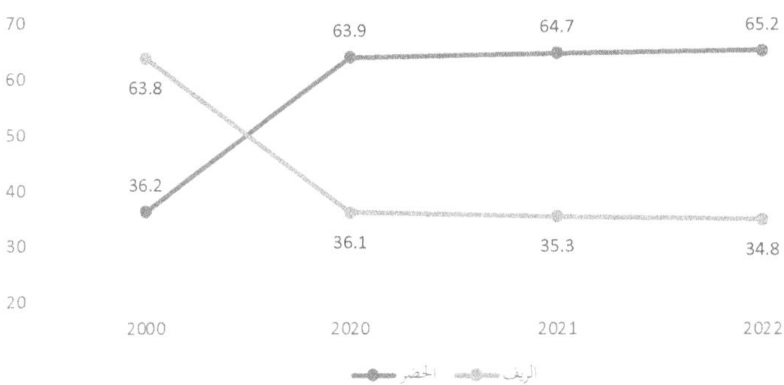

المصدر: National Bureau of Statistics of China, China Statistical Yearbook, 2022

• **العوامل الثقافية:**

تعـد ملكيـة المنـزل جـزءًا أساسيًّا مـن تكويـن الأسرة في العديد مـن الـدول، ومنهـا الـصين؛ حيـث يعـد امـتلاك الشـاب لمنـزل مـن المتطلبـات المهمـة قبـل الـزواج. في المقابـل نجـد أن الشـباب في الولايـات المتحـدة الأمريكيـة، على سـبيل المثـال، يفكـرون في شراء منـزل بعـد الـزواج. ويُلاحـظ أيضًا أن هـذا الاتجـاه في

<hr>

6. Cai, Z., Liu, Q., & Cao, S. (2020). Real estate supports rapid development of China's urbanization. Land use policy, 95, 104582. Available at:

7. The Global Advisory and Accounting Network, February 2018, Available at: https://www.hlb.global/the-real-estate-industry-in-china-an-overview/

الـصين لا يـتلاشى مـع الانتقـال مـن جيـل لجيـل؛ حيـث يصر الشـباب على ضرورة امـتلاك منـزل قبـل الـزواج[8]. ومـا يؤكـد ذلـك أن بعـض المسـوحات الموضحـة نتائجهـا في الشـكل رقـم (9) تـبيّن أن نحـو 83% مـن الأفـراد المسـتطلعة آراؤهـم في الفئـة العمريـة (18- 64) في الـصين يمتلكـون منـزلًا في عـام 2021، مقارنـة بنحـو 58% و61 % و54% في الولايات المتحدة واليابان وكندا على التوالي.

شكل (9): نتائج مسح حول تصنيف الإقامة في المنازل (للإيجار والتملُّك) وفقًا لعدد من الدول خلال عام 2021* (%)

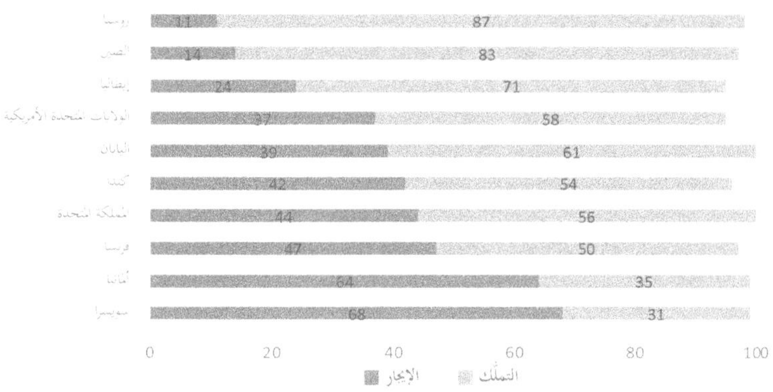

*النسبه المتبقيه: من لا ينطبق عليهم التصنيف

• النظام الاقتصادي المتبع في الصين:

تتبـع الـصين نظامًـا اقتصاديًـا مختلطًـا يدمـج بين التخطيـط المركـزي والسـوق الحـر. ووفقًـا لهـذا النظـام، تضـع الحكومـة المركزيـة أولويـات لنمـو الناتـج المحلي

---

8. Jaghory, Dillionm Sep 2021, China Sector Analysis: Real Estate, Available at: https://www.globalx-etfs.com/china-sector-analysis-real-estate/

الإجمالي وتقـدم الحوافـز، وذلـك وفقًـا لأجنداتهـا التنمويـة. وتمـوّل الحكومـات المحليـة الاسـتثمارات في البنيـة التحتيـة مـن خلال الإيـرادات المتحصلـة مـن أسـواق الأراضي والعقـارات. وبمـا أن القطـاع العقـاري يعـدّ إحـدى ركائـز نمـو الاقتصـاد الصينـي وفـق برامـج التخطيـط المركـزي المرسـومة مـن قبـل الحكومـة الصينيـة، فإنـه يجسـد هـذا النمـوذج المختلـط بين النظـام المركـزي والسـوق الحـر. وهـو مـا يـفسر نجاحـه السريـع خلال الـفترة الماضيـة، والمشـاكل الحاليـة التـي يعانيهـا القطـاع، في آن واحد، على نحو ما ستجري مناقشته لاحقًا[9].

____

9. Mak, S. W., Choy, L. H., & Ho, W. K. (2007). Privatization, housing conditions and affordability in the People's Republic of China. Habitat International, 31(2), 177-192.

ثانيًا: أبعاد تأزم القطاع العقاري الصيني

على مدى العقود الثلاثة الماضية، ومع زيادة النمو السكاني في الصين وزيادة معدلات الدخل الناتجة عن النمو الاقتصادي المرتفع، تدفقت جموع السكان إلى المدن بحثًا عن فرص استثمارية، وقد كان القطاع العقاري أحد القطاعات المستعدة لاستقبال تلك الاستثمارات، الأمر الذي أسهم في خلق الملايين من فرص العمل، وجذب الملايين من مدخرات الأسر. وقد شهد القطاع العقاري الصيني طفرة بناء كبيرة مدفوعة باقتراض محفوف بالمخاطر، ومخاطرة كبيرة في تقييم أصول القطاع. والجدير بالذكر أن جائحة كوفيد-19 كانت بمنزلة اختبار حقيقي للفقاعة العقارية في الصين، إذ انغلقت الصين على نفسها، وشهد النمو الاقتصادي تباطؤًا، وتراجعت مدخرات الأسر الصينية، ما أدى إلى انخفاض الاستهلاك بالصين. ويمكن في هذا الإطار تحليل الأبعاد الاقتصادية لأزمة القطاع العقاري في الصين من خلال تحليل أهم الأبعاد الاقتصادية المتعلقة بسوق العقارات بشكل خاص، والأبعاد المتعلقة بمستوى الأداء الاقتصادي بشكل عام، وذلك على النحو الآتي:

2 1 الأبعاد المتصلة مباشرة بالقطاع العقاري الصيني:

نتناول في هذا الجزء أهم المعاملات التي يشهدها العقاري الصيني خلال سنيّ ما قبل الفقاعة، ثم نسلط الضوء على موضوع تخلف بعض كبريات شركات التطوير العقاري عن سداد ديونها. وذلك على النحو الآتي:

- **المعاملات العقارية:**

تأثر كلٌّ من حجم المعاملات العقارية وأسعارها على حد سواء، ولكن التأثير في حجم المعاملات العقارية كان أقوى من التأثير في الأسعار. وقد امتنع المطورون العقاريون عن عرض كميات كبيرة من الشقق غير المبيعه للبيع بخصومات كبيرة، وذلك حتى الوقت الراهن. كما تراجعت مشتريات الأراضي بالمزادات العامة؛ التي تُعدُّ القناة الرئيسة لحيازة الأراضي من أجل التنمية، ومصدرًا رئيسًا لتمويل الحكومات المحلية.

وقد أدت عمليات الإغلاق التي فرضتها جائحة كوفيد-19 التي أثرت في مختلف المدن في الصين إلى تفاقُم الوضع العقاري، إذ امتنع المشترون المحتملون عن الشراء نتيجةً للمخاوف من انخفاض أسعار السوق، وتخلف المطورون العقاريون عن السداد. وأصبح المطورون، الذين يتمتعون بالاستدانة المرتفعة، أكثر تقييدًا بسبب عقود المبيعات الخاصة بهم، وهو ما خلق حلقة مفرغة، وأصبح الوضع أبعد ما يكون عن الاستقرار، وربما يتحول إلى أزمة اقتصادية عميقة وبعيدة المدى.

وفيما يخص أسعار المنازل الجديدة في الصين، فقد انخفضت بنسبة 0.2% في المتوسط على أساس سنوي في نوفمبر 2023، مسجلة انخفاضًا للشهر الخامس على التوالي، إذ ظل الطلب بطيئًا على الرغم من تطبيق الحكومة سلسلة من الإجراءات لتعزيز الطلب. وتعد تلك النسبة هي أكبر انخفاض منذ إبريل 2023. وعلى أساس شهري، انخفضت أسعار المنازل الجديدة بنسبة 0.3% في المتوسط في نوفمبر، وهي وتيرةٌ ذاتُها أكتوبر، مسجلة انخفاضًا للشهر الخامس على التوالي[10]، وهو ما يوضحه الشكل الآتي:

---

10. https://tradingeconomics.com/china/housing-index

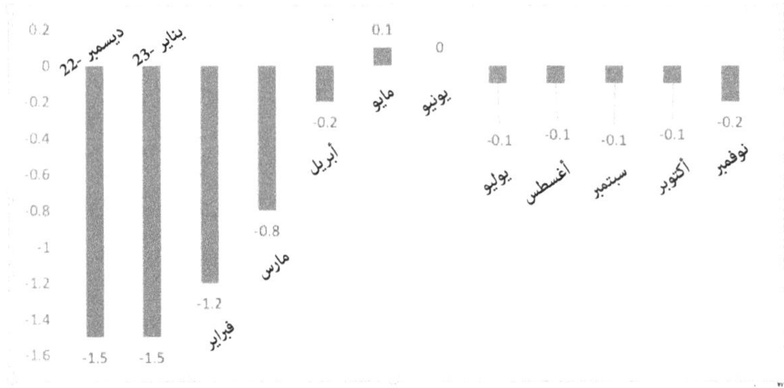

المصدر: https://tradingeconomics.com/china/housing-index

وعلى مستوى المقاطعات الصينية، جاءت مقاطعة شنغهاي في المقدمة من حيث متوسط أسعار بيع العقارات في الصين خلال عام 2022، بواقع 40.3 ألف يوان لكل متر مربع، تليها بكين في الترتيب الثاني (38.2 ألف يوان لكل متر مربع)، ثم زيانج في الترتيب الثالث بنحو 18.6 ألف يوان لكل متر مربع وفق ما يوضحه الشكل الآتي رقم (11).

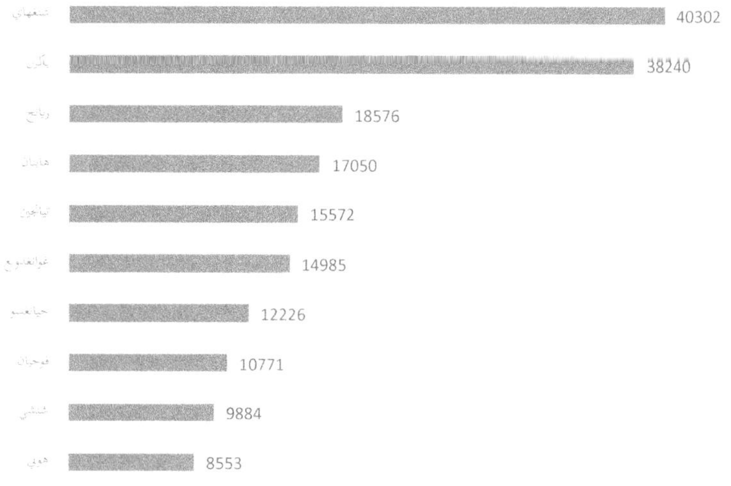

المصدر: https://www.statista.com/statistics/243032/sale-price-of-commercial-real-estate-in-china-by-region/

• تخلف شركات التطوير العقاري عن سداد ديونها:

تعـد شركـة إيفرجرانـد «China Evergrande» إحـدى أكبر شركات التطويـر العقـاري الصينيـة التـي تخلفـت عـن سـداد ديونهـا، إذ تخلفـت عـن سـداد ديـون تقـدر بنحـو 300 مليـون دولار فـي عـام 2021، وتجـدر الإشـارة إلى أن تلـك الشركـة سـبق أن اقترضت لبنـاء مليـون شقـة سـكنية، وقـد نجحـت فـي تسـليم 300 ألـف شـقة منهـا فقـط، ولم تسـتكمل بنـاء 700 ألـف شقـة المتبقيـة. ونتيجـة لحالـة انخفـاض السـيولة، فقـد تقدمـت الشركـة بطلبٍ للحمايـة مـن الإفلاس فـي الولايـات المتحـدة الأمريكيـة، وذلـك فـي ظل مـا يعانيـه السـوق العقـاري الصينـي مـن تباطـؤ الطلـب المحلي على العقـارات. ومـن ثـم توقفـت أسـعار العقـارات الصينيـة عـن

الزيادة[11]. وقد تراكمت على الشركة ديون ضخمة، ولم تكن قادرة على الوفاء بها. إضافة إلى تخلف الشركة عن سداد سنداتها الدولية بالدولار الأمريكي في ديسمبر 2021، بما يقدر بنحو 20 مليار دولار[12]. ونتيجة الاستمرار في تأزم أوضاع الشركة، أمرت محكمة في هونج كونج في مطلع عام 2024 بتصفية الشركة المثقلة بالديون، بعد أن فشلت في التوصل إلى خطة مقبولة لإعادة هيكلة ديونها ترضي الدائنين الدوليين[13].

ويُعدُّ انهيار «إيفرجراند» من أحدث الأزمات المالية التي واجهت الصين في السنوات الأخيرة. وقد نجحت السلطات الصينية حتى الآن في احتواء الآثار المالية المباشرة لهذا الانهيار، ولكنها لم تتمكن من منع ما يسمى «تأثير الدومينو»؛ إذ امتدت الأزمة إلى مطورين آخرين وإلى قطاع العقارات بشكل عام. والجدير بالذكر أن الصين كانت قد تعرضت عام 2005 لفقاعة عقارية امتدت حتى عام 2011؛ إذ تعرضت في ذلك الحين إلى تضاعف متوسط أسعار العقارات في مختلف المدن ثم انخفضت أسعار المساكن بشكل تدريجي، إلى أن أصبح من الصعوبة على أفراد الطبقة الوسطى شراء أي منازل في المدن الصينية الكبرى[14].

وتأتي شركة «كونتري جاردن» كنموذج آخر للشركات العقارية الصينية التي تعثرت. إذ حققت تلك الشركة خسائر بنحو 7 مليارات دولار في النصف الأول من عام 2023[15]، وتخلفت الشركة عن سداد الفوائد على السندات الدولارية

11. Egyptian Center for Strategic Studies. September 2023. https://ecss.com.eg/36527/

12. Cato Institute. https://www.cato.org/blog/anatomy-chinas-housing-crisis-ending-financial-repression

13. See: https://www.ft.com/content/d7b61c43-be36-49da-894e-cac68fefbc81

14. Hello China. January 2023. https://2u.pw/XXKzKYM

15. The guardian. https://www.theguardian.com/world/2023/aug/31/country-garden-chinese-property-developer-reports-half-year-finanical-loss-fears-default-risk

بقيمــة 15.4 مليــون دولار، التــي كان مــن المقــرر ســدادُها في ســبتمبر 2023 [16]. كما تخلفــت عــن ســداد ديونهـا البالغــة نحــو 11 مليـار دولار مـن السـندات المقومـة بالـدولار، إضافـة إلى 6 مليـارات دولار إضافيـة مـن القـروض الداخليـة [17]. ونتيجـةً لما ســبق، فقــد وصفـت وكالـة التصنيـف الائـتماني العالميـة «ســتاندرد أنـد بـورز» النمـوذج الصينـي لتحقيـق النمـو في القطـاع العقـاري «الاقتراض لغـرض البنـاء»، بأنـه نمـوذج لا يصلــح إلا إذا اسـتمرت أسـعار العقـارات في الارتفـاع بشـكل مسـتمر، وهـو أمر يعد مستحيلًا [18].

وعمومًـا، فقـد شـهدت شركات تطويـر عقـاري أخـرى في الـصين تراجعًـا في مبيعاتهـا. فعلى سـبيل المثـال سـجلت شركـة تشـاينا فانكي انخفاضًـا في مبيعاتهـا بنسـبة 34% في عـام 2022، وبالرغـم مـن ذلـك فـإن وكالـة التصنيـف الائـتماني «فيتـش» أوضحـت أنهـا حافظـت على مكانتهـا الرائـدة في السـوق مـن ضمـن أكبر ثلاثـة مطوريـن صينـيين عـام 2022، إذ إن نسـبة الانخفـاض في مبيعاتهـا تعـدُّ أقل مقارنـة بنسـبة تتراوح بين 40 و50% لنحـو 30 شركـة مـن أفضـل شركات التطويـر العقاري في عام 2022 [19].

2 2 الأبعاد المتعلقة بالأداء الاقتصادي الصيني:

يسـتعرض هـذا الجـزء واقـع الأزمـة وارتباطهـا بتوجهـات الإيـرادات العامـة الصينيـة، والتعـرض لعلاقتهـا بـأداء المؤسسـات الماليـة والتأثير في الديـن المـحلي،

16. Financial Times. https://www.ft.com/content/17c15875-66fe-487c-bf00-75d5ee6b79e2

17. bne INTELLINEWS. https://www.intellinews.com/china-stalling-298485/?source=kazakhstan

18. Egyptian Center For Strategic Studies. https://ecss.com.eg/36527/

19. FitchRatings. https://www.fitchratings.com/research/corporate-finance/china-vankes-share-place-ment-credit-positive-09-03-2023

ناهيـك بالطبـع عـن التأثيـر في تدفقـات الاستثمار الأجنبـي المباشـر إلى الـصين. وهـو ما تعرضه النقاط الآتية تباعًا:

- **الإيرادات المحلية وتأزم القطاع العقاري:**

امتـدت الأزمـة العقاريـة في الـصين لتشـمل القطاع الحكومـي، وخصوصًا المحليـات التـي تعتمـد في إيراداتها على مبيعـات الأراضي للمطوريـن العقاريين؛ فتجـدر الإشـارة إلى أن عائـدات مبيعـات الأراضي كانـت بين الإيـرادات التـي يمكـن تحصـل عليهـا الحكومـات المحليـة وأصبحـت تمثـل جـزءًا كبيـرًا مـن الإيـرادات المحليـة، بمـا يتراوح بين 30 و60% مـن إيرادات الموازنـة العامـة المحليـة، وقد وفر ذلـك للحكومـات المحليـة حافـزًا قويًا لعـرض الأراضي للبيـع وتسـهيل المشاريع العقاريـة، استنادًا في بعـض الأحيـان إلى افتراضـات متفائلـة للغايـة بشـأن مسـتوى الطلب على الإسكان في المستقبل[20].

ونتيجةً للأزمـة العقاريـة، وفي ظل انخفاض تلـك الإيرادات، اضطرت البلديات المحليـة بالـصين إلى إعـادة النظـر في برامجها المحليـة. فمـع احتمال انخفاض الطلـب على الإسكان، فإن هذا القطاع سيمثّل خطرًا كبيرًا على تنمية الاقتصاد الصيني.

- **المؤسسات المالية وأداء القطاع العقاري:**

واجهـت المؤسسـات الماليـة، وبالأخـص شركات الائتمان وبنـوك الاسـتثمار، أزمـة كبيرة. فعلى سـبيل المثـال صرحـت شركتـان صينيتـان عاملتـان في مجـال التأمين بأنـهما اسـتثمرتا أمـوالًا بشركة « Zhongrong International Trust » - التـي تدير أصـولًا بنحو 85 مليـار دولار، وتسـتثمر معظمها في القطاع العقـاري. وقد فشـلت شركـة Zhongrong International Trust في سـداد العوائـد المسـتحقة لشركات

---

20. Institut Montaigne. https://www.institutmontaigne.org/en/blog/financial-instability-china-real-estate-crisis-long-making

التـأمين على الأمـوال المسـتثمرة، مـا مثّـل حالـة مـن الغضـب لـدى المسـتثمرين، ودفعهـم إلى التجمهـر أمـام مكتـب الشركـة في بـكين، مطالـبين تلـك الشركـة بسـداد الأمـوال المسـتحقة، والإفـادة بأسـباب التـأخير. وقـد أدان المسـتثمرون كلًّا مـن الحكومـة، والهيئـات التنظيميـة، والمطوريـن، إذ سـمحوا للمطوريـن العقـاريين بالتوسـع في الاقتراض بشـكل كبـير، مـن أجـل تمويـل استراتيجيـة النمـو الصينيـة بـأي قيمـة لعقـود مـن الزمـان، مـن دون إدراك المخاطـر التـي سـتترتب على ذلك. وقـد أقـرّت الحكومـة للمـرة الأولى عـام 2020 حزمـة مـن الإجـراءات لإنقـاذ قطـاع العقـارات في الـصين وأوقفـت تمويـل تلـك الشركـات، الأمـر الـذي تركهـا تعـاني نقصًـا في السـيولة. وكان لتلك الإجـراءات الحكوميـة أثـر كبير خلال الـفترة 2020-2023؛ إذ بـدأت الشركـات العقاريـة الصينيـة في الانهيـار الواحـدة تلـو الأخـرى، بعـد التخلـف عـن خدمـة ديونهـا، وقـد وصـل عـدد الشركـات المتخلفـة عـن السـداد في الوقـت الحالي إلى 50 شركة من شركات التطوير العقاري الصينية[21].

• الارتباط بالدين المحلي:

يعـاني مطـوّرو العقارات في الـصين مـن ديـون تمثـل قيمتهـا 12% مـن الناتـج المحلي الإجمالي، مـا يجعلهـم معرضين لخطـر التخلـف عـن السـداد، وذلـك وفقًـا لتقديـرات بلـومبرج الاقتصاديـة، وهـو عـبء هائـل يمكن أن يحـدَّ مـن النمـو في ثاني أكبر اقتصـاد في العالـم لسـنوات مقبلـة. وقـد أظهـر تحليـلٌ شمـل عينـة مـن المطوريـن العقاريين في الـصين بواقـع 186 مطـورًا أن نحـو 48% مـن إجمالي الاقتراض تـم منحـه لشركـات إمـا تخلفـت بالفعـل عـن سـداد السـندات العامـة خلال أزمـة العقـارات 2021-2022 أو شركات معرضة لمخاطر لعدم السداد بشكل كبير[22].

---

21. The New York Times. https://www.nytimes.com/2023/08/20/business/china-property-crisis-country-garden.html

22. Bloomberg. https://news.bloomberglaw.com/capital-markets/china-faces-property-debt-defaults-worth-12-of-gdp-be-says

ونتيجــةً لاسـتمرار ضغــوط التمويــل في ســوق العقـارات الصينــي، اسـتمرت مسـتويات ديــون الحكومـات المحليــة في الارتفـاع، وتُعــدُّ هــذه المشـكلة ضمـن المشـكلات التـي تمثّـل تهديـدًا على المؤسسـات الماليـة وتمـارس ضغوطًـا على أسـواق التمويـل[23]. ويوضـح الشـكل الآتي رقـم (12) تطـور حجـم الديـن المحلي في الصين خلال الـفترة قبـل جائحـة كوفيـد-19، مـرورًا بالأزمـة العقاريـة، والتوقعـات حتـى عـام 2028. وتوضـح البيانـات أن حجـم الديـن المحلي قـد تضاعـف بين عامـي 2018 و2023، ومــن المتوقـع أن يواصـل الديـن المحلي في الصين ارتفاعـه بشـكل مسـتمر ليصـل إلى الـذروة في عـام 2028 بواقـع 23.9 تريليـون دولار، بنسـبة ارتفـاع قدرهـا 67.7%. ومــن المتوقـع أن يصـل الديـن المحلي كنسـبة مـن الناتـج المحلي الإجمالي الصيني إلى 104.3% بحلول عام 2028.

شكل (12) تطور حجم الدين المحلي ونسبته من الناتج المحلي الإجمالي في الصين خلال الفترة (2028-2018)

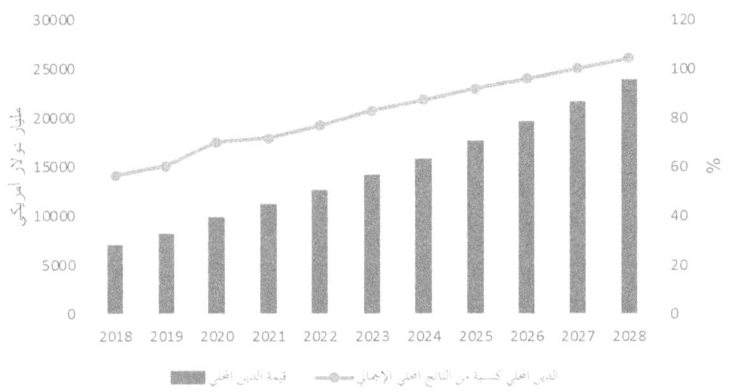

المصدر: Statista Database, Available at: https://www.statista.com/statistics/270329/
/national-debt-of-china-in-relation-to-gross-domestic-product-gdp

---

23. Central Bank of the Republic of China. https://www.cbc.gov.tw/en/cp-970-159497-05399-2.html

وفي ديسـمبر 2023، تعهـد قـادة الـصين في مؤتمـر العمـل الاقتصـادي المركـزي بتوزيـع المخاطـر المرتبطـة بقطـاع العقـارات، والديـون المحليـة، والمؤسسـات الماليـة الصـغيرة والمتوسـطة، مـع تطويـر استراتيجيـة لبنـاء إسـكان بأسـعار معقولـة[24]. وفي محاولـة مـن بنـك الشـعب الصينـي لدعـم الاقتصـاد، فقـد ضـخ مـا يقـرب مـن 50 مليـار دولار مـن الأمـوال المنخفضـة التكلفـة في البنـوك، مـا يـشير إلى أن البنـك المركـزي قـد يزيـد تمويـل مشاريع الإسكان والبنية التحتية[25].

• علاقـة أزمـة قطـاع العقـارات بتدفقـات الاسـتثمار الأجنبـي المباشر في الصين:

سـحبت العديـد مـن الشركات في مختلـف القطاعـات أموالهـا واسـتثماراتها خـارج الـصين، ومنهـا شركـة فانجـارد الأمريكيـة، إحـدى أكبر شركات إدارة الأصـول في العـالم. ويرجـع ذلـك إلى مجموعـة مـن الأسـباب لعـل أهمهـا التوتـرات الجيوسياسـية، مثـل العلاقـات المتوتـرة مـع الولايـات المتحـدة الأمريكيـة، إضافة إلى انخفـاض أسـعار الفائـدة في الـصين، وحـذر المسـتثمرين كذلـك، إذ تواجـه الـصين تباطـؤًا اقتصاديًـا مسـتمرًا. ويوضح الشـكل البيـاني الآتي أن صـافي تدفقـات الاسـتثمار الأجنبـي المباشر إلى الـصين بلغـت مـا يقـرب مـن -11.8 مليـار دولار في الربـع الثالـث مـن عـام 2023، وهـذه هـي المـرة الأولى التـي تقـع فيهـا صـافي تدفقـات الاسـتثمار الأجنبـي المبـاشر إلى الداخـل في المنطقة السالبة، وذلك لأول مرة منذ عام 1998 [26].

---

24. Al-Arabiya. https://2u.pw/vp08f67

25. Bloomberg. https://www.bloomberg.com/news/articles/2024-01-02/china-injects-50-billion-into-policy-banks-in-financing-push

26. https://www.statista.com/chart/31257/foreign-direct-investment-inflows-to-china-by-quarter

شكل (13) تطور صافي تدفقات الاستثمارات الأجنبية المباشرة الداخلة للصين خلال الفترة (1998-الربع الثالث 2023) (%)

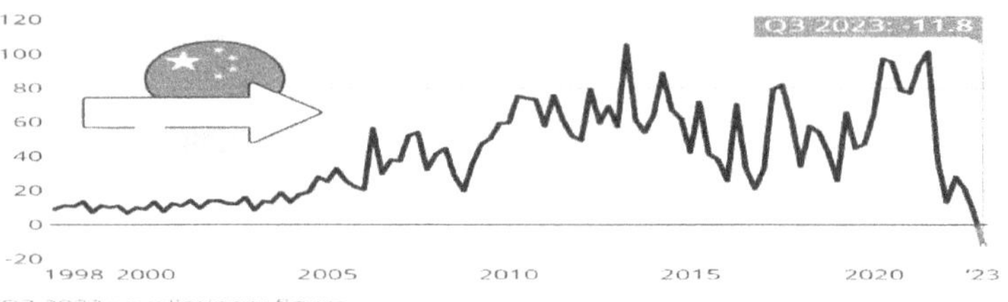

ثالثًا: هل تقيّد أزمة القطاع العقاري النمو الاقتصادي الصيني؟

كما تمت الإشارة إليه سابقًا، فقد أثرت جائحة كوفيد-19، وفقاعة العقارات في الصين في معدل النمو تأثيرًا كبيرًا مقارنة بالأزمة المالية العالمية عام 2008، وفيما يأتي تحليل مختصر لمصادر نمو الاقتصاد الصيني ليفيد في معرفة مدى تأثره بالقطاع العقاري:

3- 1 الاستثمار مصدرًا رئيسًا للنمو الاقتصادي في الصين:

يعتمد أداء الاقتصاد الصيني اعتمادًا كبيرًا على نمو الاستثمار، وقد زاد هذا النمط عقب الأزمة المالية العالمية التي بدأت في عام 2008، وقد كانت الزيادة في الاستثمارات تمثّل نحو ثلثي نمو إجمالي الناتج المحلي خلال 2010-2009. ونظرًا إلى أن الاقتصاد الصيني كثيف الاعتماد على العمالة، وتقل نسبة رأسماله إلى قوته العاملة كثيرًا مقارنة بالاقتصادات المتقدمة، فإن زيادة الاستثمار بدلًا من خفضه تُعدُّ دائمًا هي الخيار الأفضل[27].

3- 2 آفاق النمو للاقتصاد الصيني:

ترى بعض التحليلات الاقتصادية أن هناك ثلاثة سيناريوهات محتملة لنمو الاقتصاد الصيني حتى عام 2035 على النحو الآتي[28]:

---

27. IMF. https://www.imf.org/ar/Publications/fandd/issues/2023/12/China-bumpy-path-Eswar-Prasad

28. Japan Center for Economic Research. Medium term forecast of Asian Economies – Summary.

- **السـيناريو الأول: عـدم حـدوث أزمـة اقتصاديـة كبـرى في الصـين:** يُتوقع أن يحقـق كل مـن الناتـج المحلي الإجمالي الاسـمي ونصيـب الفـرد مـن الناتـج المحلـي الإجمالي أهـداف الحكومـة الصينيـة؛ إذ يعـدُّ القضـاء على المخاطـر الماليـة الناجمـة عـن المشـاكل في العقـارات والتمويـل المحلي عنصرًا أساسيًّا في تحقيـق أهـداف الرئيـس الصينـي. لكـن يصاحب ذلك اسـتمرار تباطؤ معـدل النمـو الحقيقـي، لينخفـض إلى أقـل مـن 3% في عـام 2029 وأقـل مـن 2% في عـام 2035.

- **السـيناريو الثانـي: انفجـار الفقاعـة العقاريـة ووقـوع أزمـة ماليـة:** وفقًـا لهـذا السـيناريو، سـتحل الأزمـة الصينيـة في عـام 2027. وإذا أسـيء التعامـل مـع الأزمـة، فقـد ينتـج عـن ذلـك تباطؤ في البنيـة التحتيـة والاسـتثمارات الأخـرى، إذ سـتعطي الحكومـة الأولويـة لسـداد الديـون. وقـد يضعـف اليـوان، وتتسـارع تدفقـات رؤوس الأمـوال إلى الخارج، وقـد ينخفـض معدل النمـو الحقيقـي في الصـين إلى الصفـر في عـام 2027. ووفقًـا لهـذا السـيناريو، فـإن هـدف الدولـة المتمثـل في مضاعفـة الناتـج المحلي الإجمالي الاسـمي للـصين ورفـع نصيـب الفـرد مـن الناتـج المحلـي الإجمالي الاسـمي بحلـول عـام 2035 قـد يواجـه تحديـات كبـيرة في حالـة حـدوث أزمـة ماليـة، وسـوف يسـجل الناتـج المحلي الإجمالي الاسـمي للـصين باليـوان في عـام 2035 نحـو 1.9 ضعـف نظـيره في عـام 2020. وسـيكون نصيـب الفـرد مـن الناتـج المحلي الإجمالي الاسـمي بالقيمـة الدولاريـة أعلى بقليـل مـن 15 ألـف دولار. وسـيظل النمـو الاقتصادي عنـد نحـو 1%، مـا يعـرض هدفهـا المتمثـل في مضاعفة الناتج المحلي الإجمالي للخطر بحلول عام 2035.

- **السـيناريو الثالـث: أن تعـزِّز الصـين الإصلاحـات لعكـس اتجـاه التباطـؤ في النمـو الاقتصـادي،** ووفقًـا لهـذا السـيناريو، سـيجري الحـد مـن المخاطـر الماليـة مـن خلال إعطـاء الأولويـة للتخلـص مـن القـروض المتعـثرة. وعلى

مستوى بيئة الأعمال، ستطوّر الحكومة الأنظمة محل الانتقادات. وفي التجارة، سوف تهدأ التوترات مع الولايات المتحدة الأمريكية، حيث ستعمل هذه الجهود على تسريع التحول الرقمي والحفاظ على نمو الإنتاجية. ومن الممكن أن تتمتع الصين بنمو حقيقي بنسبة 2.5% في عام 2035، لكن الناتج المحلي الإجمالي الاسمي في ذلك العام لن يتجاوز 80% من الناتج المحلي الإجمالي في الولايات المتحدة الأمريكية، حتى لو أحرزت الصين تقدمًا في الإصلاحات.

3-3 كيفية تعامل الحكومة الصينية مع الأزمة:

ويرى بعض الباحثين أن الحكومة الصينية قد أثبتت قدرة فائقة على إدارة تراكمات الضغوط الاقتصادية والمالية الحادة الناجمة عن مخاطر نموذج النمو المستخدم. ففي أكثر من أزمة، نجحت الحكومة في أن تتجاوز بالاقتصاد أزمات مصرفية لم يكن من الممكن تجنبها، والتراجع الكبير في قيمة العملة، وسقوط أسواق العقارات، والانهيار الاقتصادي[29]. وفي المقابل، يشير صندوق النقد الدولي إلى أن ركائز النمو الصيني تبدو هشة من المنظورين التاريخي والتحليلي. وحتى في حال عدم وقوع أي أزمات، سيكون النمو في الصين مقيدًا بالعوامل الديمغرافية غير المواتية وارتفاع مستويات الدين وعدم كفاءة النظام المالي. ولكن إذا استطاعت الحكومة الاستفادة من فرصها، فيمكن التوقع بمستقبل أفضل للاقتصاد الصيني؛ أي تحقيق معدلات نمو معتدلة وأكثر استدامة من المنظور الاقتصادي والاجتماعي والبيئي[30].

29. IMF. https://www.imf.org/ar/Publications/fandd/issues/2023/12/China-bumpy-path-Eswar-Prasad

30. صندوق النقد الدولي، أكتوبر 2023، تقرير آفاق اقتصادية، متاح على الموقع الإلكتروني الآتي: https://www.imf.org/ar/Publications/WEO/Issues/2023/10/10/world-economic-outlook-october-2023

وقـد أوضـح تقريـر صـادر عـن معهـد سياسـات المجتمـع الآسـيوي أن هنـاك حاجـة لأن تقـوم الحكومـة الصينيـة باسـتغلال التباطـؤ الحـالي بوصفهـا فرصـة للتحـول الهيـكلي نحـو **نمـوذج نمـو جديـد أقـل اعـتمادًا على قطـاع العقـارات،** وخصوصًـا أن هـذا القطـاع قـد بلـغ ذروتـه على الأرجـح. وأشـار التقريـر إلى أن الاسـتثمارات في العقـارات والبنيـة الأساسـية في الـصين أدت إلى زيـادة القـدرة الفائضـة وعـبء الديـون الـذي لا يمكـن تحملـه، كما أوضـح ضرورة إعـادة التـوازن في الاقتصـاد الصينـي في اتجـاه الإنفـاق الاسـتهلاكي. ويـرى التقريـر أنـه على الرغـم مـن أهميـة تحـول الـصين نحـو النمـو القائـم على الاسـتهلاك، فإنـه مـن غير الواضـح كيـف يمكنهـا زيـادة الاسـتهلاك فعليًـا، إذ إن ديـون الأسـر الصينيـة ارتفعـت خلال خمـس سـنوات فقـط إلى 128% مـن دخـل الأسـرة و56% مـن الناتـج المحلي الإجمالي، ويرتبـط معظـم هـذا النمـو بسـوق العقـارات في الـصين في شـكل ديـون الرهـن العقـاري. وتجـدر الإشـارة إلى أن الأسـر تسـتفيد بالفعـل مـن الاسـتدانة العاليـة مـن أجـل الإسـكان وليـس لديهـا مجـال كـبير للاقـتراض مـن أجـل الاسـتهلاك. لـذا ينبغـي على الحكومة أن تعمـل على إيجـاد بدائـل لنمـو الدخـل إلى جانـب الإسـكان على النحـو الـذي مـن شـأنه أن يشجع الأسر على الاستهلاك[31].

---

31. Asia Society Policy Institute, 2023, China's Property Sector: Roundtable Summary Report, Available at: https://www.jstor.org/stable/resrep52732?seq=1

رابعًا: التداعيات المحلية والدولية المحتملة حال تفاقم الأزمة العقارية:

يمكـن للأزمـة العقاريـة في الصـين أن تخلـق العديـد مـن التداعيـات المحتملـة، سـواء على مسـتوى القطـاع العقـاري الصينـي أو مسـتوى النمـو الاقتصـادي الإجمالـي. وفيما يأتي توضيح لأهم هذه التداعيات:

4-1 التداعيـات المحليـة المحتملـة حـال تفاقـم أزمـات القطـاع العقاري الصيني:

للتعـرف على التداعيـات المحليـة المترتبـة على تأزم القطـاع العقـاري أو حـدوث فقاعـة عقاريـة قـد تـفضي إلى أزمـة ماليـة، فمـن الأهميـة بمكان التطـرق إلى كل التداعيـات المترتبـة على تراجـع القطـاع العقـاري، والأثـر المتوقـع في القطاعـات الأخرى المرتبطة بالقطاع العقاري.

1. التأثير المباشر لأزمة القطاع العقاري في الاقتصاد المحلي:

أثرت أزمـة القطـاع العقـاري في تخفيـض التوقعـات نمـو الناتج المحلـي الإجمالي في الصـين. فقـد أوضـح تقريـر الآفـاق الاقتصاديـة الصـادر عـن صنـدوق النقـد الـدولي في أكتوبـر 2023 أنـه مـن المتوقـع أن ينخفـض الناتـج المحلـي الإجمالي في الصـين ليصـل إلى 4.2% عـام 2024، مقارنـة بنحـو 5% عـام 2023[32]. ويمكـن أن نتنـاول أهـم التداعيات المحلية التي أثرت فيها الأزمة على النحو الآتي:

---

32. صندوق النقد الدولي، مرجع سبق ذكره.

التأثير في تمويل الحكومات المحلية: يؤثر تباطؤ القطاع العقاري في مالية الحكومات المحلية من خلال طريقتين، إحداهما انخفاض العائدات من بيع حقوق استخدام الأراضي، والأخرى المخاطر المالية المحتملة للحكومات المحلية وأدوات تمويلها في حال التخلف عن السداد. فلقطاع العقارات تأثير مباشر في مالية الحكومات المحلية، التي تعتمد بشكل كبير على مبيعات الأراضي وتدفقات الضرائب الناتجة عن المعاملات العقارية مصدرًا رئيسًا لتحقيق الإيرادات. وفي ظل تباطؤ نمو سوق العقارات، وحرص الحكومة المركزية على البحث عن مصادر أخرى كمحركات للنمو بخلاف قطاع العقارات، فإن الحكومات المحلية قد تتأثر سلبًا بتباطؤ القطاع العقاري مع عدم وجود مصدر بديل لتعويض الانخفاض في الإيرادات.

وعلى صعيد آخر، فإنه قبل عام 2014 لم يكن مسموحًا للحكومات المحلية في الصين أن تشارك مشاركة مباشرة في سوق السندات. لذا أنشأت الحكومات المحلية أدوات تمويل حكومية محلية في شكل شركات استثمار تبيع السندات وتقترض من البنوك باستخدام الأرض كضمانات. وبعد عام 2014، أصبح للحكومات المحلية الحق في إصدار السندات الحكومية. وفي الحالتين فإن انخفاض أسعار الأراضي بشكل حاد، يؤدي إلى انخفاض قيمة الضمانات الأساسية، ومن ثم ارتفاع مخاطر التخلف عن السداد. وهذا هو السبب الرئيس لتدخل كلٍّ من الحكومه المركزيه والحكومات المحلية لاحتواء انخفاض الأسعار في قطاع العقارات[33].

انخفاض ثروة القطاع العائلي: مثلما سبق أن أوضحنا فإن نسبةً كبيرةً من ثروات القطاع العائلي في الصين تتركز بالقطاع العقاري. فقد أشارت التقديرات إلى أن ما بين 60% إلى 70% من ثروات القطاع العائلي ترتبط بالعقارات. وفي ظل

---

33. Asia Society policy institute. 2023. Op.cit.

غياب البدائل الاستثمارية الجيدة، ومع ارتفاع أسعار المساكن على مدى عقود من الزمن، أصبحت العقارات أفضل أداة استثمارية للأسر. وعليه فإن انخفاض أسعار المساكن سيؤثر سلبًا في ثروة القطاع العائلي. لذا فثمة حاجة إلى أن تعزز الحكومة استهلاك الأسر على المدى المتوسط من خلال تعزيز أسواق الإيجار لتحويل ثروة الإسكان إلى دخل يمكن إنفاقه وتطوير أسواق رأس المال كبدائل استثمارية في قطاع العقارات. إضافة إلى ذلك، فإن تطوير أسواق رأس المال يمكن أن يساعد أيضًا في توجيه مدخرات الأسر لتمويل قطاعات إنتاجية أخرى في الاقتصاد.

وعلى الرغم من التأثير السلبي لتراجع القطاع العقاري في ثروة الأسر في المناطق الحضرية بالصين، فإنه من جهة أخرى يعالج عدم المساواة في الثروة بين سكان الحضر والريف في الصين. ويرجع ذلك إلى أن الإسكان الحضري كان أكبر مصدر لعدم المساواة في الصين لعقود من الزمن، حيث استفادت الأسر القاطنة في الحضر من الانتعاش في سوق العقارات وأعطتها مكاسب غير متوقعة، ولكنَّ الأسر الريفية لم تستفد منها. ويُمثِّل التصحيح الحالي الذي يشهده القطاع العقاري فرصة لمعالجة هذا التفاوت بين الحضر والريف وتحقيق «الرخاء المشترك» الذي تتبناه الحكومة[34].

تراجع ثقة المستهلكين: شهد مؤشر ثقة المستهلكين في الصين انخفاضًا حادًّا خلال الفترة (مارس- أبريل 2023)، ويرجع ذلك إلى تزامن موجات التفشي الجديد لفيروس كورونا مع ارتفاع مستويات الانكشاف المالي في سياق الضغوط التي يشهدها القطاع العقاري. وفي الوقت ذاته يواجه صانعو السياسة عددًا من القضايا، منها ترسخ التضخم من دون تعرض التعافي للخطر، والمفاضلة بين أمن إمدادات الطاقة والتحول المناخي[35].

---

34. Ibid.

35. صندوق النقد الدولي، إبريل 2022، تقرير استقرار النظام المالي العالمي، متاح على الموقع الإلكتروني الآتي:
https://www.imf.org/ar/Publications/GFSR/Issues/2022/04/19/global-financial-stability-report-april-2022

إضافة إلى ذلك، ثمة مخاوف طويلة الأجل للقطاع العقاري من أن يستمر فائض المعروض من العقارات إلى جانب انخفاض الطلب الاستهلاكي. كما أن هناك تحديات أخرى ترتبط بالطلب، تتمثل في تقلص عدد السكان وشيخوخة السكان. فمن المتوقع أن ينمو عدد الأشخاص الذين تزيد أعمارهم على 65 عامًا بنسبة 44% خلال العقد المقبل. ويشير هذا إلى أن الطلب على الإسكان والعقارات على المدى الطويل سيظل منخفضًا وسيواجه القطاع العقاري فترة طويلة من التراجع[36].

• التأثير غير المباشر لأزمة القطاع العقاري في القطاعات الأخرى:

للتعرف على التداعيات المحلية المحتمل حدوثها في حالة تأزم القطاع العقاري أو حدوث فقاعة عقارية قد تفضي إلى أزمة مالية، فمن الأهمية بمكان ليس

---

36. Euromonitor International. https://www.euromonitor.com/article/chinas-slowdown-and-defla-tion-risks-why-it-matters-for-the-global-economy

فقـط تحليـل وضـع القطـاع العقـاري، بـل ينبغـي أيضًـا أن تؤخـذ في الحُسـبان الروابـط بين هـذا القطـاع والقطاعـات الأخـرى، وأن أي مخاطـر سـتواجه هـذا القطـاع سـتمتد إلى القطاعـات الأخـرى المرتبطـة بـه سـواء كانـت مـن خلال القنـوات الحقيقيـة أو الماليـة. ووفقًـا لبيانـات بنـك التنميـة الآسـيوي، يـأتي القطـاع العقـاري في مقدمـة القطاعـات التي يرتفـع بها مضاعـف القيمـة المضافـة، يليـه القطـاع المالي، ثـم تجـارة الجملـة[37]. وهـو مـا يعنـي أن زيـادة الطلـب النهـائي للقطـاع العقـاري سـيؤدي إلى زيـادة في عوائـد المـدخلات الأوليـة للقطاعـات الأخـرى. وبنـاء على ذلك يُعـدُّ القطـاع العقـاري مـن أكثر القطاعـات الرائـدة في الاقتصـاد الصينـي، التـي يمكـن أن تدفـع باقـي القطاعـات نحـو زيـادة القيمـة المضافـة وزيـادة فـرص العمـل على مسـتوى الاقتصـاد الكلـي. ومـن ثم فـإن تراجـع هـذا القطـاع أو انهيـاره (السـيناريو المتشـائم) سيؤثر بالسلب في العديد من القطاعات الأخرى.

وتبـدو العلاقـة وثيقـة بين القطـاع العقـاري والقطـاع المالي، فبالنظر إلى جـدول المـدخلات والمخرجـات الخـاص بالـصين عـام 2022، نجـد أن الوسـاطة الماليـة تـأتي بصفتهـا أهـم مدخـل للقطـاع العقـاري بنسـبة 11%، وأيضًـا بصفتهـا أهـم مخـرج للقطـاع العقـاري بنسـبة 8.5%[38]. ويمكـن التعـرف على الروابـط بين القطـاع العقـاري والقطاع المالي من خلال ثلاث قنوات مالية، كالآتي:[39]

1. إن الصدمـات التـي تتعـرض لهـا سـوق العقـارات مـن شـأنها أن تؤثـر في ربحية أي قطاع يرتبط رأسيًّا معها، وتضعف من قدرته على خدمة ديونه.

---

37. ADB, Input-Output Economic Indicators, Available at: https://data.adb.org/dataset/taipeichi-na-input-output-economic-indicators

38. Ibid.

39. Chan, S., Han, G., & Zhang, W. (2016). How strong are the linkages between real estate and other sectors in China?. Research in International Business and Finance, 36, 52-72. Available at: https://www.sciencedirect.com/science/article/pii/S0275531915300234

2. نظــرًا إلى أنـه مــن الشـائع بــين الـشركات اسـتخدام العقـارات ضمانًـا للاقتراض، فإن أي تعديـل في سـوق العقارات يمكـن أن يؤثـر في قيـم هـذه الضمانـات، ومـن ثم جـودة الديـون. فوفقًـا لصنـدوق النقـد الـدولي، فـإن مـا يتراوح بين 30 إلى 45% مـن القـروض - التـي قدمتها أكبر خمسـة بنـوك - كان مدعومًا بضمانات، ومعظمها من العقارات[40].

3. إن ديـون الحكومـات المحليـة في الصـين مدعومـة جزئيًـا بإيرادات مبيعـات الأراضي، مـا يـشير إلى أن أي تغـيير في سـوق العقـارات مـن شـأنه أن يؤثـر في جودة ديون الحكومات المحلية أيضًا.

الجديـر بالذكـر أن إجمالي القـروض العقاريـة بلـغ نحـو 53 تريليـون دولار في عـام 2022، أي نحـو 44% مـن النـاتج المـحلي الإجمالي، وبمعـدل نمـو سـنوي مركـب بلـغ نحـو 16% خلال الـفترة (2012-2022). كما بلغـت الرافعـة المالية -اقتراض الأمــوال بغـرض الاسـتثمار- للمواطنـين الصينـيين نحـو 62% في عـام 2022، وهـذه النسـبة تعـادل تقريبًـا النسـبة ذاتها في الأسـواق المتقدمـة. كما حصـل المطـورون العقاريـون على قـروض مرتفعـة الفائـدة مـن بنـوك الظـل (وهـي البنـوك التي تقـدم خدمـات ماليـة خـارج النظـام المصرفي الرسـمي)، لـذا سـعت الحكومـة الصينيـة في الأعـوام الماضيـة إلى الحـد مـن النمـو السريـع لمثل هذه الديـون غير المصرفية[41].

وبالنظـر إلى وضـع الـصين، فإن مخاطـر الائـتمان غير المبـاشرة، التـي تتمثل في التخلـف عـن السـداد تولّـد تأثيرات واسـعة النطـاق على قطاعـات أخـرى، وهـو مـا يوضحه الشكل الآتي:

---

40. Ibid.

41. China Market Report: China's Financial Sector, June2023, Available at: https://www.smd-am.co.jp/
english/market_information/monthly/2023/ChinaMarketReport_202306.pdf

شكل (15) اتجاهات تأثير مخاطر الائتمان على القطاعات الاقتصادية في الصين

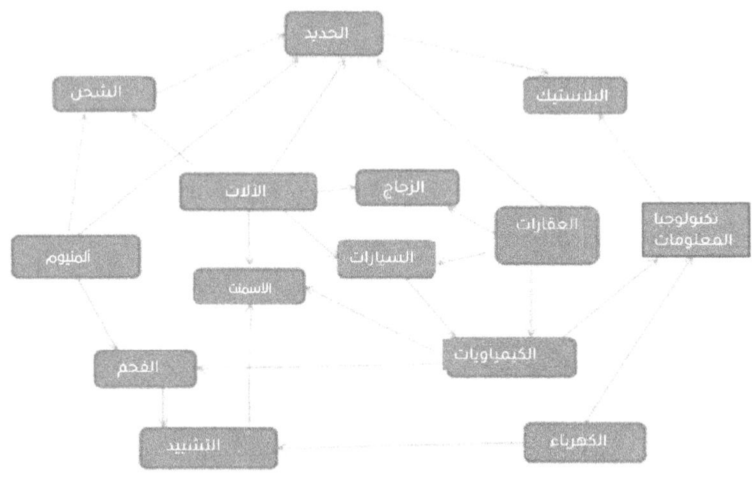

المصدر: Chan, S., Han, G., & Zhang, W. (2016). How strong are the linkages between real estate and other sectors in China?. Research in International Business and Finance, 36, 52-72. Available at: https://www.sciencedirect.com/science/article/pii/S0275531915300234

وفي هـذا الشـأن، أثبتـت إحـدى الدراسـات الاقتصاديـة أن قطـاع العقـارات يـوزع مخاطـره الائتمانيـة على تسـعة قطاعـات، في حيـن أن معظم القطاعـات الأخـرى تؤثر في عـدد أقـل مـن القطاعـات (شـكل 15). فعلى سـبيل المثـال، يمكن لمخاطـر الائتمان في قطـاع العقـارات أن تمتـد مبـاشرة إلى قطاعـات الكيميـاء والسـيارات والحديـد، الأمـر الـذي سـيؤدي إلى توزيـع المخاطـر على قطاعـات الأسـمنت والفحـم والبنـاء وتكنولوجيـا المعلومـات والبلاسـتيك، وهـو مـا مـن شـأنه أن يزيـد مـن انتشـار المخاطر إلى الصناعات الأولية الرئيسية الأخرى[42].

---

42. Chan, S., Han, G., & Zhang, W. (2016), Op.cit.

45

شكل (16) اتجاهات تأثير مخاطر الائتمان في القطاع العقاري على القطاعات في الصين

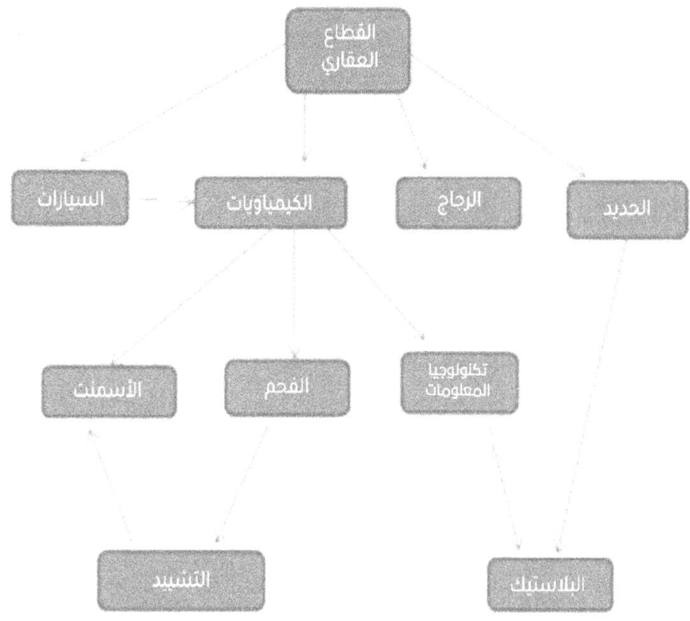

المصدر: Chan, S., Han, G., & Zhang, W. (2016). How strong are the linkages between real estate and other sectors in China? Research in International Business and Finance, 36, 52-72. Available at: https://www.sciencedirect.com/science/article/pii/S0275531915300234

خاتمة: النتائج العامة وبدائل السياسات

بالنظر إلى أزمة القطاع العقاري الصيني على النحو الذي استعرضته الدراسة في فقراتها السابقة، فإن النتائج والتداعيات العالمية حال تفاقم أزمات القطاع العقاري الصيني تبرز نتيجة لوضعية الاقتصاد الصيني في التجارة والاستثمار العالمي. وبينما خفض صندوق النقد الدولي في تقريره «آفاق اقتصادية» الصادر في أكتوبر 2023 توقعاته لنمو الاقتصاد العالمي واقتصادات الأسواق الصاعدة والنامية لعام 2024، فقد أوضح أن استفحال الأزمة العقارية في الصين هو السبب الرئيس وراء هذا التراجع[43]. ويمكن في هذا الشأن توضيح كيف يمكن أن تنتقل المخاطر من ثاني أكبر اقتصاد في العالم إلى الاقتصاد العالمي. وإذا كان من المستبعد أن تكون ثمة أزمة عالمية جديدة، فإن الأزمة الصينية قد تتسبب في تراجع معدلات النمو من خلال قنوات دولية عدة، نذكر منها:

- **الروابط التجارية:** تكمن حلقة الوصل بين الاقتصاد الصيني والاقتصاد العالمي في الروابط التجارية؛ إذ تُعدُّ الصين أكبر مُصدِّر على مستوى العالم، بحصة 14.6% من إجمالي الصادرات العالمية عام 2022. كما أنها تأتي كأكبر ثاني مستورد (بعد الولايات المتحدة الأمريكية) على المستوى العالمي، لتبلغ حصتها نحو 10.7% من إجمالي الواردات العالمية.[44] ومن ثم فمن المتوقع أن تؤثر الأزمة في الصين في الاقتصادات الأكثر ترابطًا

---

43. صندوق النقد الدولي، أكتوبر 2023، تقرير آفاق اقتصادية، متاح على الموقع الإلكتروني التالي: .https://www.imf.
org/ar/Publications/WEO/Issues/2023/10/10/world-economic-outlook-october-2023

44. Trade Map Statistics.

تجاريًـا مـع الـصين، وهـي الولايـات المتحـدة الأمريكيـة واليابـان وكوريـا الجنوبيـة، ومـن ثـم سـيتأثر نمـو الاقتصاد العالمـي. كما أنـه مـن المتوقع أن يؤثـر تراجـع الاسـتهلاك الخـاص في الـصين وتدهـور الجـزء الأكبر مـن ثـروات الصينيـن الناتجـة عـن هبـوط أسـعار العقـارات في تراجـع الطلـب العالمـي، لتتكبـد العديـد مـن الشركات العالميـة الكـبرى - التـي تعتمـد إيراداتها عـلى السـوق الصيني - خسـائر ضخمة [45].

- **تراجـع أسـعار السـلع الأوليـة:** يمكـن أن تسـتمر الاتجاهـات المتراجعـة لأسـعار السـلع الأوليـة، والتـي تُقـدر الانخفاضات التـي حصلـت فيهـا فعلًا بنسـبة 36% في الوقـود وأسـعار النفـط بنحـو 17% وأسـعار المعـادن بنسـبة 4.7% في المتوسـط خلال عـام 2023، حيـث تُشـير هـذه الانخفاضـات إلى تباطـؤ النشـاط الاقتصادي العالمـي، والمخـاوف بشـأن الاسـتثمار العقـاري في الصيـن [46].

- **الاسـتثمارات الصينيـة في الخـارج:** مـن المتوقع أن يؤثـر الوضع الاقتصادي الـداخلي للـصين في اسـتثمارات الـصين في الخـارج، ويتوقـف الأمـر على استمرار الحكومة الصينية في دعم الشركات أو عدم توقفها عن ذلك.

وختامًـا، فإنـه يمكـن القـول إنـه إذا تفاقمـت المخـاوف المتعلقـة بالاسـتقرار المالي في الـصين، فـإن تأثيرهـا في اقتصادات الأسـواق الصاعـدة الأخـرى مـن خلال الروابـط التجاريـة، والتدفقـات الرأسماليـة، وتراجـع الاسـتهلاك الخـاص يصبـح تـأثيرًا ملموسًـا. ويسـتدعي ذلـك أن تعمـل هـذه الاقتصـادات على حمايـة نفسـها مـن هـذه التداعيـات السـلبية حـال حدوثها؛ ومـن ذلـك أن تعمـل الاقتصادات المتشـابكة في الاقتصاد الصيني على:

---

45. صندوق النقد الدولي، أكتوبر 2023، مرجع سبق ذكره.

46. Ibid.

- الانفتـاح التجـاري المتـوازن علـى التجـارة الخارجيـة مـع الصـين، استيرادًا وتصديرًا، وخصوصًا تجارة المنتجـات الشـديدة الارتبـاط بقطـاع العقارات، مثل الصناعات المعدنية وصادرات الطاقة.

- إعـادة تقيـيم الاستثمارات الماليـة في أسواق رأس المـال الصينيـة، وخصوصًا في قطاعات العقارات والبنوك والخدمات المالية ذات الصلة.

- تعزيـز جاذبيـة الاسـتثمارات الأجنبيـة المبـاشرة في القطاعـات التصنيعيـة لتمثـل بـديلًا محتـملًا لاسـتقطاب تيـارات الاستثمارات الأجنبيـة المبـاشرة الباحثـة عـن العوائـد الربحيـة المسـتقرة بـدلًا مـن أسـواق شرق آسـيا المتشابكة مع الاقتصاد الصيني حال تأزمه.

قائمة المراجع

Reports and Scientific papers:

– Asia Society Policy Institute, 2023, China's Property Sector: Roundtable Summary Report, Available at: https://www.jstor.org/stable/resrep52732?seq=1

– Cai, Z., Liu, Q., & Cao, S. (2020). Real estate supports rapid development of China's urbanization. Land use policy, 95, 104582.

– Cato Institute. https://www.cato.org/blog/anatomy-chinas-housing-crisis-ending-financial-repression

– Central Bank of the Republic of China. https://www.cbc.gov.tw/en/cp-970-159497-05399-2.html

– Chan, S., Han, G., & Zhang, W. (2016). How strong are the linkages between real estate and other sectors in China?. Research in International Business and Finance, 36, 52-72. Available at: https://www.sciencedirect.com/science/article/pii/S0275531915300234

– China Market Report: China's Financial Sector, June2023, Available at: https://www.smd-am.co.jp/english/market_information/monthly/2023/ChinaMarketReport_202306.pdf

- Council Foreign Relations, March 2023, Available at: https://www.cfr.org/blog/pboc-props-chinas-housing-market

- Egyptian Center for Strategic Studies. September 2023. https://ecss.com.eg/36527/

- Fung, H.Gay and others, 2009, China's Real Estate Market Development, Available at: https://www.researchgate.net/publication/46509750_Development_of_China's_Real_Estate_Market

- Hello China. January 2023. https://2u.pw/XXKzKYM

- IMF, October 2023, World Economic Outlook, Available at: https://www.imf.org/ar/Publications/WEO/Issues/2023/10/10/world-economic-outlook-october-2023

- IMF, April 2023, Global Financial Stability Report, Available at: https://www.imf.org/ar/Publications/GFSR/Issues/2022/04/19/global-financial-stability-report-april-2022

- Institut Montaigne. https://www.institutmontaigne.org/en/blog/financial-instability-china-real-estate-crisis-long-making

- Jaghory, Dillionm Sep 2021, China Sector Analysis: Real Estate, Available at: https://www.globalxetfs.com/china-sector-analysis-real-estate/

– Japan Center for Economic Research. Medium term forecast of Asian Economies – Summary.

– Mak, S. W., Choy, L. H., & Ho, W. K. (2007). Privatization, housing conditions and affordability in the People's Republic of China. Habitat International, 31(2), 177-192.

– United Nations, 2008, International Standard Industrial Classification of All Economic Activities, Revision 4.

Websites and Databases:

– ADB, Input-Output Economic Indicators, Available at: https://data.adb.org/dataset/taipeichina-input-output-economic-indicators

– Al-Arabiya. https://2u.pw/vp08f67

– Bloomberg. https://news.bloomberglaw.com/capital-markets/china-faces-property-debt-defaults-worth-12-of-gdp-be-says

– Bloomberg. https://www.bloomberg.com/news/articles/2024-01-02/china-injects-50-billion-into-policy-banks-in-financing-push

– bne INTELLINEWS. https://www.intellinews.com/china-stalling-298485/?source=kazakhstan

– EUROMONITOR INTERNATIONAL. https://www.euromonitor.com/article/chinas-slowdown-and-deflation-risks-why-it-matters-for-the-global-economy

- Financial Times, Chinese developer Evergrande ordered to be wound up by Hong Kong court, Available at: https://www.ft.com/content/d7b61c43-be36-49da-894e-cac68fefbc81

- FitchRatings, https://www.fitchratings.com/research/corporate-finance/china-vankes-share-placement-credit-positive-09-03-2023

- IMF, December 2023, China Stumbles but is Unlikely to Fall, Available at: https://www.imf.org/en/Publications/fandd/issues/2023/12/China-bumpy-path-Eswar-Prasad

- National Bureau of Statistics of China, China Statistical Yearbook, 2022. Available at: https://www.stats.gov.cn/sj/ndsj/2023/indexeh.htm

- Statista database, Available at: https://www.statista.com/statistics/243235/revenue-from-commercial-and-residential-real-estate-sold-in-china/

- Statista Database, Average real estate sale price in China between 1998 and 2022, Available at: https://www.statista.com/statistics/242851/average-real-estate-sale-price-in-china/#:~:text=In%202022%2C%20the%20average%20price,decrease%20from%20the%20previous%20year.

- Statista Global Consumer Survey, Available at: https://www.statista.com/chart/24738/gcs-share-renting-and-owning-home/

- Statista Database, Available at: https://www.statista.com/statistics/243032/sale-price-of-commercial-real-estate-in-china-by-region/

- Statista Database, Available at: https://www.statista.com/statistics/270329/national-debt-of-china-in-relation-to-gross-domestic-product-gdp/

- Statista Database, Available at: https://www.statista.com/statistics/271697/consumer-confidence-in-china/

- Trading Economics, China Newly Built House Prices YoY Change, Available at: https://tradingeconomics.com/china/housing-index

- Statista Database, Available at: https://www.statista.com/chart/31257/foreign-direct-investment-inflows-to-china-by-quarter

- The Global Advisory and Accounting Network, February 2018, Available at: https://www.hlb.global/the-real-estate-industry-in-china-an-overview/

- The guardian. https://www.theguardian.com/world/2023/aug/31/country-garden-chinese-property-developer-reports-half-year-finanical-loss-fears-default-risk

- The New York Times. https://www.nytimes.com/2023/08/20/business/china-property-crisis-country-garden.html

- Trade Map Statistics. https://www.trademap.org/Index.aspx

- World Bank. World Development Indicators.